Romantisches Wohnen

Wie zehn charmante Frauen ihren
persönlichen Wohnstil entdeckten

IMPRESSUM

Text: Regina Sidabras
Umschlagbilder: © Helmold & Hertrich
Bilder Inhalt: S. 2, 4 u. l., 20–31, 128 © living4media/
Bauer, Christine; S. 58 © Stephen Welstead/LWA/Corbis;
alle anderen Bilder © Helmold & Hertrich
Layout, Satz und Covergestaltung: Karina Moschke
Korrektorat: Anja Fuhrmann
Programmleitung & Produktmanagement:
Susanne Klar & Melissa Brosig
Druck & Bindung: G. Canale & C. S. p. A. Europe

1. Auflage 2013

ISBN: 978-3-7724-7357-9 · Best.-Nr. 7357

Romantisches Wohnen

Wie zehn charmante Frauen ihren persönlichen Wohnstil entdeckten

Lifestyle
BUSSE
SEEWALD

Glück ist jetzt

Flow

Im Treppenhaus ist
das Spielen der Kinder und
Abstellen von Fahrrädern
untersagt.
HOME

Inhalt

Liebe Leserinnen,

»Romantisch Wohnen heißt für mich …« Ob Pastellfreundin, Shabby-Begeisterte oder Gartenfan – jede der hier porträtierten zehn Frauen hat über die Jahre ihren ganz individuellen, romantischen Stil entwickelt. Für die eine Protagonistin bedeutet romantisches Wohnen eine Kombination aus verspielten und klassischen Elementen. Für die andere ist es vor allem der Einsatz von hellen und leichten Farben wie Hellblau, Rosa und Mintgrün. Eine dritte bevorzugt ein Meer von Blumen, die die Wohnung in ein duftendes Paradies verwandeln.

Behutsam kombinieren alle zehn Frauen Mobiliar und Accessoires, Gefundenes und Selbstgemachtes. Was jede von ihnen dabei antreibt, ist die Freude an der Kreativität und das Bedürfnis, ein Gefühl von Wärme und Geborgenheit zu schaffen – für sich, für ihre Familie, aber auch für ihre Freunde und Gäste. Jeder soll sich wohlfühlen! Wie das geht und welche Mittel Sie dafür brauchen, erzählen sie Ihnen anhand ihrer Wohnungen und Häuser, Balkone und Gärten. Die Protagonistinnen nehmen Sie mit auf einen Rundgang durch Ess- und Wohnzimmer, Küchen und Schlafzimmer und zeigen Ihnen Möglichkeiten, auch Flure und Badezimmer individuell und schön einzurichten.

Folgen Sie uns in romantische Wohnwelten!

Selbst gebautes Glück

»*Romantisch wohnen heißt für mich,*
Gemütlichkeit zu schaffen durch viele
unterschiedliche große und kleine Lampen,
durch Bücher und Blumen.«

Ihr Traumhaus in Norddeutschland haben sich die Hansens, Nicole und Dirk (beide 43 Jahre alt), im Jahr 2000 selbst gebaut. Damals war ihre Tochter Anna (14 Jahre) noch ein Baby, Tochter Charlotte (9 Jahre) war noch nicht auf der Welt.

Viele grundlegende Dinge konnte das Paar schon bei der Planung und während des Baus festlegen. Ganz wichtig waren dabei für sie die geschlossene Küche und die Lamellenfensterläden. Außerdem verfügt das weiße Klinkerhaus über eine große Holzterrasse und einen Garten.

Nicole mag den freundlichen, ungezwungenen nordischen Wohnstil und sie legt Wert auf viel Licht, schöne Leuchten haben es ihr angetan. Jeder Raum trägt ihre persönliche Handschrift: Vieles ist selbst gemacht – sie »möbelt auf« und näht mit Leidenschaft. Ihre Töchter unterstützen sie dabei gern. Antike Objekte schmücken die Wohnung, fast immer bekommen sie bei Nicole eine neue Funktion. Kommen Freunde der Familie zu Besuch, sind sie jedes Mal aufs Neue gespannt, was für ausgefallene Dekoideen Nicole sich wieder hat einfallen lassen.

BILDERGALERIE
Neben der hohen Kommode unter dem großen Spiegel dienen zwei alte, weiß gestrichene Holzplanken als Bilderleisten. Hier kommen die vielen antiken Bilderrahmen mit ihren unterschiedlichen Formaten besonders gut zur Geltung.

HOME, SWEET HOME
Den Türgriff zieren ein angehängtes Glas mit Rosen und ein altes Schild vom Flohmarkt.

Viel Licht und Kreativität

»Ich dekoriere gern das ganze Haus – am liebsten aber den Flur«, erzählt Nicole. Den Eingangsbereich beleuchtet ein achtflammiger Kronleuchter. Körbe werden von Nicole gern in Szene gesetzt: rechts ein hoher Weidenkorb mit bunten Geschenkpapierrollen, links eine Korbtasche mit hellrosa Pfingstrosen, cremeweißen Levkojen und Frauenmantel. Eine alte Schuppentür bietet den idealen Hintergrund für Nicoles Dekoideen: An zwei Kleiderhaken hängen selbst genähte Engelsflügel und eine alte Emaillekanne, auf den Querlatten ist Platz für dekorative Buchstaben und ein Bild. Auf dem Tritthocker blüht eine rosa Pelargonie im Zinkeimer. Die große Hakenleiste hinter der Eingangstür stammt ebenso wie die große Emailleschüssel vom Trödel.

»Das Haus baut man einmal,
das Zuhause jeden Tag«

Lieblingsraum und häufigster Aufenthaltsort der Familie ist die geschlossene Küche, dort findet viel Familienleben statt: Kochen, Essen, Backen, Klönen, Schularbeiten.

Eine moderne Einbauküche war nichts für Nicole Hansen, die bietet zu wenig Möglichkeiten der individuellen Gestaltung. Nicole liebt jeden einzelnen ihrer Küchenschränke. Neben dem Herd ist statt einer Schranktür ein blau-weiß karierter Vorhang zu sehen. Mit blau-weißem Wachstuch hat Nicole auch den Küchentisch bezogen. Dazu passen die selbst genähten hellblauen Kissenbezüge mit Rosenmuster. Auf dem Wandbord finden viele antike Schätze Platz, ganz oben Nicoles Sammlung alter Kaffeemühlen. In Küche und Flur ist der Boden mit Terrakottafliesen ausgelegt. Sie sorgen für einen warmen Kontrast zum Weiß der Möbel.

HERAUSGEPUTZT
Nicole hat den Küchenschubladen mit Découpagetechnik und hübschen Papieren ein neues Gesicht gegeben: Vichykaro und Rosenmuster lockern die weiße Küchenzeile auf.

HERZIG AUFGEHÄNGT
Ein Holzbrett wurde mit Vichykarostoff bezogen und anschließend mit Herzhaken bestückt. Nun können nicht nur die Schürzen daran aufgehängt werden, sondern auch ein Glas mit Rose und ein romantisches Windlicht.

GEKONNT ARRANGIERT
Unter dem vierflammigen Leuchter mit Glaswindlichtern beeindruckt eine Komposition in Grau-Weiß aus verblichenem Holztablett, blau-grauen Häuschen, weißer Hortensie und Weckglas mit Tortenspitze.

ORIGINELL VERWANDELT
Eine alte Puddingform aus Blech wird zum Kerzenständer, breite und schmale Gläser sind mit Tortenspitze umwickelt. In der Mitte des Tisches erfreut ein Strauß aus Pfingstrosen, Levkojen und Frauenmantel.

PUNKTGENAU
Charlotte hat noch ein paar Röschen aus dem Garten geholt, jeder Gast findet ein Glas mit einer Blume an seinem Platz. Die bauchige Teekanne, die Griffe des Bestecks und sogar Charlottes Kleidchen haben die gleichen Tupfen.

Nicoles bevorzugte Farbe ist Greige, ein Farbton zwischen Beige und Grau, der perfekt zu weißen Möbeln passt. Greige und greige-weiß sind deshalb die vielen Kissen und Decken auf den Sofas im Wohnzimmer. Den Boden bedeckt ein wollweißer Teppich. Die rechte Wand wird beherrscht von einem Blumenstillleben. Die Farbtöne des Bildes korrespondieren mit der Streifenwand am Ende des Raumes, die den Blick auf das Bücherregal davor lenkt. Die Familie liest gern, Bücher gehören zur Behaglichkeit und sollten auch schön angeordnet sein. Eine weiß lackierte Holzetagere mit verschieden hohen Gläsern, die nützlichen Krimskrams verbergen, steht auf dem Schrank mit Flügeltüren. Hauptlichtquelle am Abend sind die beiden Tischlampen mit Korblampenschirmen und antikisierten Metallfüßen. Auch die Freunde der Familie fühlen sich hier wohl: »Weil es hier einfach gemütlich ist!«

Prunkstück im Esszimmer ist der romantische, weiße Kronleuchter mit Glasaufsätzen. Nicole hat noch einiges hinzugefügt, zum Beispiel nostalgische Glasanhänger, verschiedene Kugeln und eine selbst genähte Riesenerdbeere. Sie mag Accessoires aus Korbgeflecht und Weidenkränze, alles in ruhigen, gedämpften Tönen. Auf dem Esstisch hat Nicole Korbsets mit hübsch gemuster-

LÄNDLICHE NOSTALGIE
Der Flügel eines großen alten Scheunentors lehnt an der Hauswand. Der richtige Ort für Dinge mit nostalgischem Charme: eine alte Zugwaage, ein Waschbrett, eine Emaillemilchkanne in Hellblau-Weiß.

GARTENKRONLEUCHTER
Über dem Tisch hängt ein Leuchter aus Gusseisen mit dicken Stumpenkerzen, der am Abend für ausreichend Licht sorgt, aber vor allem eine tolle Stimmung zaubert. An den Leuchter hat Nicole noch einige Gläser mit Blumen gehängt.

ten Stoffsets kombiniert und darauf schlichtes weißes Porzellan aufgedeckt. Für einen kleinen »Knalleffekt« sorgen Besteckgriffe und Teekanne in Rot-Weiß.

Nicole schwärmt: »Ich liebe meine Fensterläden!« Von der Terrasse aus gesehen sind sie ein wahrer Blickfang. Der Terrassenboden aus Teakholz und die robusten Holzgartenstühle passen perfekt zum Gartenpavillon aus Schmiedeeisen. Eine Ecke des hübschen Pavillons ist üppig mit Efeu bewachsen, an einer anderen haben Nicole und die Mädchen rot-weiße Bänder angebunden, die sacht vom Wind bewegt werden. Auf dem Tisch darf eine Vase mit duftenden Rosen aus dem eigenen Garten natürlich nicht fehlen. Auf Decken und Kissen findet sich ein romantisches Rosenmuster.

Neben rosa Pelargonien gibt es auf der Terrasse vor allem weiße Blumen, die Nicole besonders mag. Die prächtigen weißen Hortensien in weiß lackierten Kübeln sind eine Augenweide. Die Familie sitzt hier gern zusammen und genießt Kaffee und Torte – und ihr »selbst gebautes Glück«.

Nostalgie für zwei

»Romantisch wohnen heißt für mich,

dass die Wohnung mit viel Charme, Liebe
und ganz nach meinem Geschmack mit netten
und außergewöhnlichen Details eingerichtet ist.
Ich möchte mich ja in meinen eigenen
vier Wänden wohlfühlen.«

Silke Buestrich liebt Patina und Nostalgisches, gern auch mit französischem Flair. Ihre Wohnung in München zeigt ihre Liebe zu alten Dingen und ist mit großer Leichtigkeit gestaltet. Seit 2003 lebt die 44-jährige Ergotherapeutin hier mit ihrem Ehemann, der ihre Leidenschaft voll unterstützt. »Seit ich 16 bin, gehe ich gern auf Flohmärkte«, erzählt Silke. »Ich restauriere alte Möbel im Shabby-Stil und liebe es, wenn ein Stück, das ich neu erwerbe, noch die alte, originale Patina hat.«

Und das ist in jedem Winkel dieses Domizils zu sehen und zu spüren. Aber die Wohnung wirkt nirgendwo überfüllt, alles ist wohl überlegt angeordnet. Jedes Möbelstück, jeder Krug hat seinen bestimmten Platz, doch nichts wirkt künstlich oder gezwungen – alles ist authentisch, hier wird mit Hingabe »gewohnt«. Das mag auch daran liegen, dass Silke alles nach und nach wachsen lässt.

Bis nach Belgien und Frankreich führen die Buestrichs zuweilen ihre Reisen, immer auf der Suche nach schönen Dingen für Wohnung und Garten, auch im Internet wird gern gestöbert.

SONNIGER LOGENPLATZ
Wenn es draußen warm und sonnig ist, nutzen Silke und ihr Mann ihr »drittes Zimmer«, den Balkon. Hier können sie essen und plaudern, für Sichtschutz sorgt eine Schilfmatte. Am und im Balkon klettert wilder Wein – die Jungfernrebe. Darunter rankt eine kleinblütige Clematis. In den Balkonkästen wachsen Salbei, Edelgeranie und Hornveilchen, darunter hängen in Töpfen kleinblütige Petunien und Männertreu.

FAHRRADTOUR
Silke Buestrich ist gern unterwegs und bringt von ihren Touren »Fundstücke« heim, die sich in ihr Zuhause einfügen: »Ich versuche immer, Dinge zu finden, die zu den schon vorhandenen passen.«

Kleinod mit Charme

Mittelpunkt der Wohnung ist die Küche mit dem angrenzenden Balkon. Hier wird gekocht und gegessen. »Am liebsten sind wir in der Küche« erklärt Silke, »aber da die Wohnung nur zwei große Räume hat, sind wir eigentlich auch gern im Schlaf- und im Wohnzimmer. Im Sommer sind wir natürlich viel draußen auf dem Balkon. Der ist wie ein drittes Zimmer«. Silke ist leidenschaftlich gern im Freien und wie ihre Wohnung gestaltet sie auch Balkon und Garten mit viel Hingabe, zum Beispiel mit weißen, ertrödelten Emailleeimern.

Während die restlichen Wände der Wohnung in Weiß gehalten sind, wurde für die Küche Blaugrau, eine von Silkes Lieblingsfarben, eingesetzt. Die hohen Wände bekommen Struktur

»Herzstück Küche«

BLICKFANG
Auf dem schmiedeeisernen Tischchen ist das wunderschöne Geschirr aus Großmutters Zeiten arrangiert und darunter stehen weiß emailliert Eimer, Topf und Kanne.

TISCHSCHMUCK
Die grazilen rosa Blüten des Schmuckkörbchens sind fein auf das Service abgestimmt.

durch die zweifarbige Aufteilung: oben ein helles Blaugrau, unten die Verschalung in Weiß. Bei den Fronten der Küchenschränke wiederholt sich das ruhige Blaugrau. Das Besondere sind die schönen, matt kupferfarbenen Muschelgriffe, sie stehen in harmonischer Beziehung zu der warmen Holzfarbe der Arbeitsplatte und den dunklen Holzdielen. In die Küchennische ist der Aufsatz eines alten, weißen Küchenschranks eingepasst. In dieser Küche hätte sich sicher auch Silkes Urgroßmutter wohlgefühlt. Ein tiefes Spülbecken, ein hoher Wasserhahn mit griffigen Drehhähnen, alte Suppenkellen und Schöpflöffel fügen sich stimmungsvoll ein.

Auf dem französischen Metalltisch dient eine Kaffeekanne aus Porzellan als Vase für die Schafgarbe. Sitzgelegenheit bieten alte Gartenstühle, Schmiedeeisen mit Holz, die Farbe ist an

den Rändern leicht abgeblättert. Für die nötige Gemütlichkeit sorgen Kissen mit blauweißem Karomuster. Mit blauer Vase und großen englischen Dosen für Brot und Mehl setzt sich das Blauweiß auf der Fensterbank fort. Einen feinen Gegenpol zum französischen Stil bildet die helle Küchenkommode mit Regalaufsatz, in dem Silke alte Gewürzdosen und Gläser, ihre Trödelfundstücke, untergebracht hat.

Im Wohnzimmer bietet die Polsterbank mit hübsch geblümten Kissen und einem Überwurf mit Lochspitze einen Ruhepunkt. Das praktische Beistelltischchen auf Rollen passt optimal zum kleinen Arbeitstisch und zum bequemen Lehnstuhl – alles im Shabby-Stil.

»Stoffe bereichern das Wohnen«

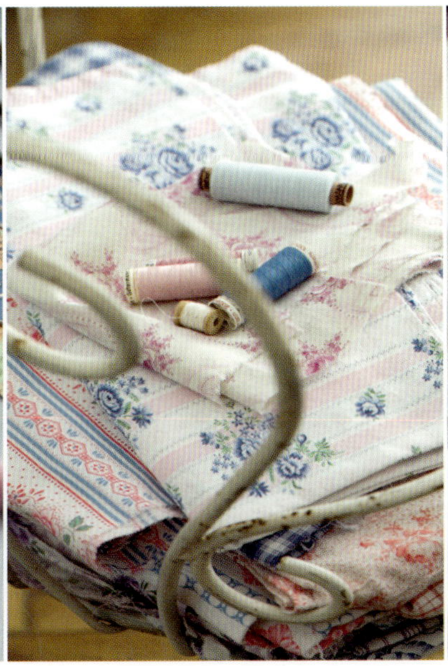

SELBST GENÄHT
Stoffe schaffen Behaglichkeit. Farben und Muster bringen laute und leise Töne ins Spiel. Silke findet ihre Stoffe auf dem Flohmarkt und näht dann selbst – zum Beispiel hübsche, verspielte Kissen. So hat sie die Gewähr, dass sich alles wieder ideal einpasst.

NOTEBOOK INKLUSIVE
Im Wohnzimmer hat Silke einen kleinen Arbeitsplatz eingerichtet, hier stöbert das Paar gemeinsam auch gern im Netz nach passenden Möbel- und Dekorationsstücken.

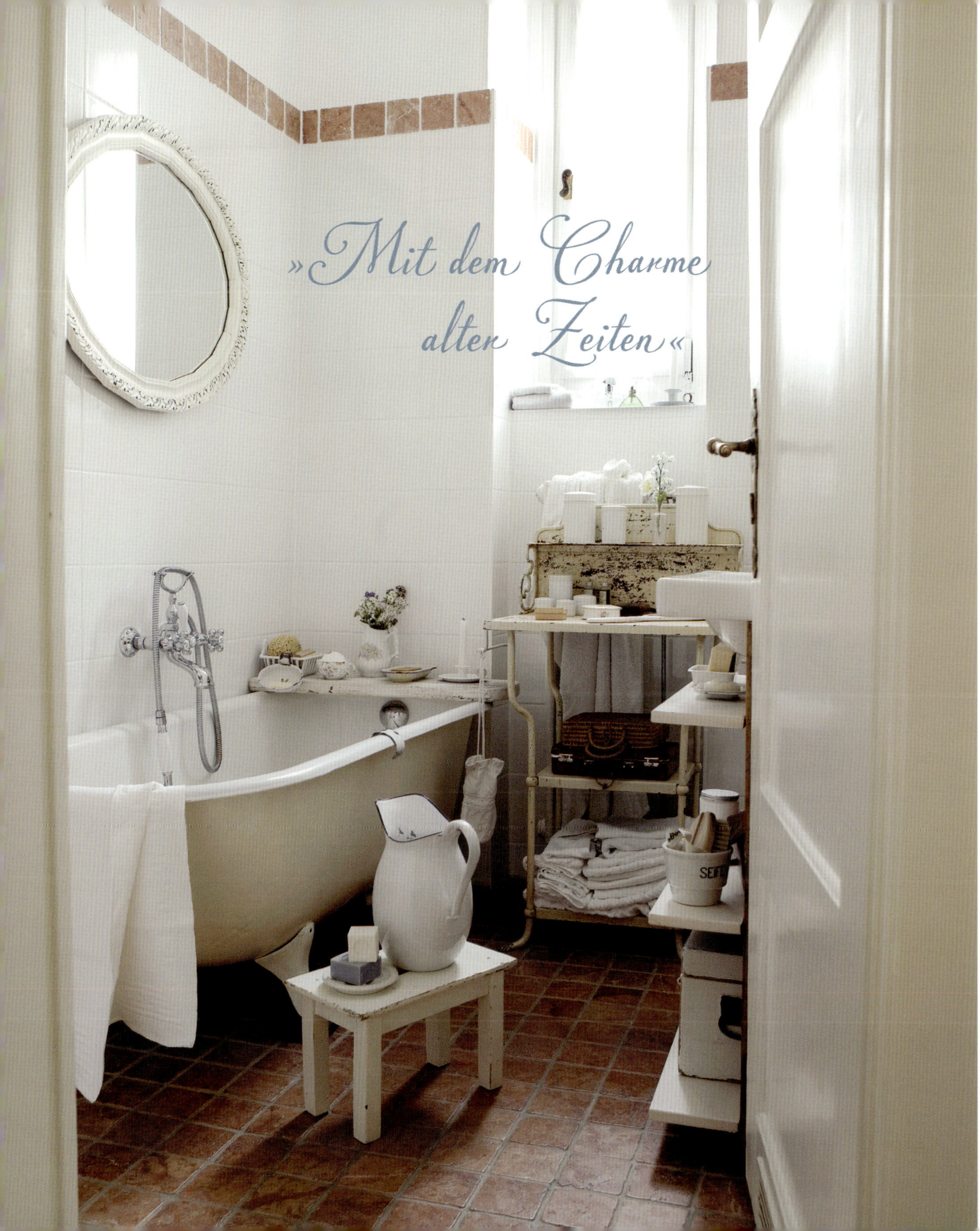

»Mit dem Charme alter Zeiten«

WANNE ODER DUSCHE?
Die Badewanne mit Löwentatzen soll bald einer Dusche weichen. Die entspannenden Momente mit einem guten Buch in der Wanne werden Silke dann allerdings fehlen.

WUNDERBAR GEALTERT
Der abgenutzte Metalltisch passt genau unter das Fenster. Er verträgt sich gut mit Silkes schöner Wanne. Einen Kontrast dazu bilden die strahlend weißen Dosen.

Das Bad wurde erst während des Einzugs neu renoviert. Die Wände sind weiß gefliest, den Boden zieren im Kontrast dazu italienische Fliesen in einem Terrakottaton, sie wurden auch für den oberen Wandabschluss verwendet. Die frei stehende Badewanne mit Füßen versprüht den Charme alter Zeiten, ebenso wie das verschnörkelte Metallregal und die Emaillekanne auf dem Fußhocker. Als Badewannenbrücke dient ein dickes, weiß lackiertes Holzbrett, darauf hat Silke Seifen- und Schwammbehälter sowie ein verspieltes Sommersträußchen in einer Porzellanmilchkanne arrangiert. »Irgendwann werden wir die Badewanne in eine Dusche eintauschen, aber das hat noch Zeit!« Solche Veränderungen gehen die Buestrichs gern langsam an.

GELIEBTES BLAUGRAU
Die kleine Kommode aus Frankreich hat Silke in ihrer Lieblingsfarbe gestrichen. Blickfang ist ein üppiger Strauß Schmuckkörbchen in einer alten Kaffeekanne mit Rosenmotiv. Konkurrenz macht ihm nur sein Spiegelbild. Auf dem französischen Metallstuhl daneben häuft sich romantische Bettwäsche.

FREUNDLICHE ATMOSPHÄRE
In der Diele bezaubert ein leichtes Frisiertischchen. Darauf stehen in einer großen Blech- und einer kleinen Porzellankanne hübsche Wiesenblumen. Der Blick reicht bis ins Schlafzimmer auf den großen weißen Kleiderschrank, der Silke besonders ans Herz gewachsen ist.

Das Schlafzimmer dominiert das weiße Metallbett mit Goldknäufen. Einen stimmungsvollen Akzent setzt daneben das bezaubernde Gestell mit Lavoir und Wasserkrug. Hier wirken Menschen mit dem Blick fürs Detail. Erst im letzten Jahr hat das Paar noch einiges verändert: »Wir haben die dicken Dielen im großen Flur weiß und auch alle Wände und Türen neu gestrichen. Aber unser Highlight sind Steckdosen aus Porzellan mit Drehschalter, wie in alten Zeiten, aber neu hergestellt.« Langsam und mit Gefühl lassen die Buestrichs es wachsen – ihr Kleinod mit Charme.

NICHT VERSTECKEN
Schöne Wäsche muss nicht im Schrank versteckt werden. Silke hat einen Karton mit Rosenstoff bezogen. Darin kommt die Bauernbettwäsche gut zur Geltung.

Haus im Wandel

»Romantisch wohnen heißt für mich,
alles möglichst hell zu gestalten, nicht nur Decke und Wände, auch Möbel und alle Wohnaccessoires. Außerdem habe ich stets überall gern Blumen im Haus, damit es immer frisch duftet.«

Seit sieben Jahren wohnen Mina Hesse, ihr Mann und ihre zwei Kinder im selbst geplanten Traumhaus in der Nähe von Hamburg. Früher war Mina Assistentin der Geschäftsleitung, heute ist sie glücklich, ihre Fantasie, Energie und Kreativität ganz ihrem Zuhause widmen zu können. Eigentlich ist Mina immer aktiv. Wenn sie nicht gerade näht, bastelt, anstreicht, werkelt oder backt, treibt sie Sport – das große Hobby der Familie. Bei der Einrichtung des Hauses hat Mina sich vom skandinavischen Stil inspirieren lassen, alles wirkt hell und unaufdringlich. Dabei war ihr sehr wichtig, dass jeder in der Familie ein eigenes Zimmer und auch sonst viel Freiraum und Rückzugsmöglichkeit hat.

Mit lockerer Hand und viel Einfühlungsvermögen verändert und dekoriert Mina gern und viel, dennoch schafft sie es, dass alles natürlich aussieht, mal als wäre es immer so gewesen, mal als hätte es sich eher zufällig ergeben. Altem und Unscheinbarem gibt sie mit Vergnügen ein neues Leben. Das größte Kompliment kommt stets von ihrer Freundin: »Darf ich dir das nachmachen?« Und ja, natürlich darf sie …

Poivre
trié sur le
Qualité Supé
350 gr. poivre en
250 gr. poivre en
Fabricant d'
depuis 1920

TERZETT IN ZARTROSA
Mina hat diese schönen, ungefüllten Rosen charmant inszeniert: Schlichte Milchflaschen wurden mit Draht umwickelt und an den schnörkeligen Metallhaken mit Porzellanknauf aufgehängt.

ZEIT FÜR MUSIK
Den Flur nur als Durchgangsraum nutzen, das war den Hesses zu wenig! Wenn die Tochter auf dem Klavier in der Diele spielt, haben alle etwas davon. Es ist der Familie wichtig, das ganze Haus zu bewohnen.

Skandinavisch ungezwungen und aufgeräumt

Schon in der Diele fühlt man sich in ein skandinavisches Landhaus versetzt. Alles ist hell und freundlich, den Boden bedecken Terrakottafliesen im weiß-gelben Schachbrettmuster. Typisch skandinavisch wirkt die halbhohe Wandverkleidung. Darüber hängt ein kleiner grauer Hängeschrank im Shabby-Stil, Blickpunkt ist ein nostalgisches Schaukelpferd. Die andere Wand schmückt ein selbst gebautes Regal mit einer Holzplatte als Hintergrund für die drei Wandborde. Flohmarktstücke hat Mina darauf in Szene gesetzt: Eine kleine schwarze Porträtbüste mit Dreispitz, ein Vogelhaus, ein Milchkännchen aus Porzellan, eine Emaillekanne. Nostalgischen Charme haben die schmalen Wandleuchter aus Gusseisen mit Glasaufsatz. Die »geschnürten« Gummi-

LUFTIG UND HELL
Etwas über bodenlang sind die weißen Vorhänge, das gibt ihnen die gewisse Lässigkeit. In einem Weidenkorb liegt die frische Wäsche zum Verstauen bereit. Mina mag es aufgeräumt.

ALLES IM RAHMEN
Mina hat einem schönen alten Bilderrahmen zur Pinnwand umfunktioniert. Sie hat ihn mit Kaninchendraht bespannt. Mit alten, langen Holzwäscheklammern werden hier Fotos und andere Erinnerungsstücke befestigt.

stiefel zeigen Minas Liebe fürs Draußensein, aber sie sind auch ein originelles Dekorationsstück. Ein Tellerregal wird – den Bedürfnissen der Familie angepasst – als Post- und Zeitschriftenhalter verwendet. Der schöne Ohrensessel mit einem sandfarben-weiß gestreiften Bezug verwandelt die Diele vom einfachen Eingangs- und Durchgangsbereich in ein Stück behaglichen Wohnraum.

»Beim Wohnen ist meine Lieblingsfarbe Weiß.« Das Schlafzimmer mit Dachschräge ist ganz in Weiß eingerichtet, hier hat das Auge Ruhe. Die Rattaneinsätze in Kopf- und Fußteil des Bettes, in den Schubladen der Kommode und der beiden Nachtschränkchen geben dem Raum eine ländliche Ausstrahlung. Auf der Kommode steht ein altes Waschgeschirr aus Emaille, aus der Kanne leuchtet ein Strauß heller Sommerblumen. Der Raum wirkt auch leicht und heiter durch die kleinen grün-weiß karierten Stoffherzen am verschnörkelten sechsarmigen Kerzenleuchter.

&
ISLAND

»Den Sommer einfangen«

SOMMERLICH SANFT
Mit weiß-grauem Geschirr und weißen Kerzen in Glashaltern ist der Tisch gedeckt. In einer weißen Porzellanvase hat Mina ein Stück Sommer ins Haus geholt: Weiße, dicht gefüllte Rosen sind mit zarten, kleineren Blüten in duftigen Pastelltönen kombiniert.

Wohn- und Essbereich sind ein Raum. Naturnähe und Wärme gehen vom Holzfußboden und den Holzschüben im weißen Schrank aus. Zwei große Pinienzapfen aus Stein schmücken das obere Fach. Pinienzapfen waren in der Antike ein Symbol für das Leben. Diese Deko-Objekte sind eigentlich für den Garten bestimmt, aber Mina hat sie hereingeholt – denn hier »tobt« das Familienleben!

Die hellen Hussen auf den Stühlen am Esstisch lassen sich leicht austauschen und sich so Stimmungen und Bedürfnissen anpassen. Aus einem üppigen Stuckornament an der Decke nimmt der aufwendig gearbeitete Kerzenleuchter seinen Ausgangpunkt. Er bildet den prunkvollen Mittelpunkt über dem Tisch. Zusätzlich schmückt den Lüster eine Kette mit Glasperlen, das schafft am Abend tolle Lichtreflexe.

PASSGENAU
Das Schränkchen passt exakt an die schmale Wand. Mina hat es gestrichen und die Türen verschnörkelt beschrieben. Darauf stehen ihre Lieblingsblumen, Hortensien, in weiß lackierten Übertöpfen aus Holzspan. Das schmiedeeiserne Rankgitter nutzt Mina gern zum Dekorieren, hier mit Engelsflügeln.

PRACHTSTÜCK
Die alte Kommode mit Kugelfüßen hat Mina wieder hergerichtet. Die drei Schubladen haben wunderschöne alte Metallschlösser und -griffe und bieten viel Platz für Tischwäsche, Besteck und Minas umfangreiche Sammlung an Dekomaterialien.

EIN NEUES LEBEN
Mina gab den schönen, altmodischen Koffern neue Farbe, ein paar Rollen – und so ein neues Leben als Beistelltisch. Dahinter an der Wand lehnt eine alte, weiß lackierte Schuppentür – Minas Dekotür, die regelmäßig umgestaltet wird.

Natürliche Farben und Materialien dominieren den Wohnbereich: Korb und Holz setzen naturfarbene Akzente. Als Raumteiler fungiert der Kamin, eines von Minas liebsten Stücken im Haus. Er steht frei im Raum, sodass die Feuerstelle von beiden Seiten zu genießen ist. Das aufgeschichtete Brennholz daneben verbreitet den Eindruck von Ländlichkeit. Unter der integrierten Bank ist Platz für zwei Körbe, auf der Bank hat Mina zwei schwarze Bambuslaternen platziert.

Das braune Rattansofa vor dem Kamin wirkt leicht, weil Mina es auf einen hellen Baumwollteppich gestellt hat. Ordnungshüter daneben ist eine dunkel lasierte Holzkiste, hier finden Zeitungen und Zeitschriften Platz. Am Kamin vorbei reicht der Blick auf die großen Bücherwände mit einem weißen Hussensofa davor. Hier sitzt die Familie gern beisammen.

So wie sich die Jahreszeiten und die Menschen ändern, muss auch die Umgebung umgestaltet werden, findet Mina. Nur ein paar Details hat sie variiert und schon ist im Wohnbereich Weihnachtsstimmung eingezogen. Silber, Grau und Cremeweiß – mehr Farben braucht Mina nicht! Mit Nonchalance und Freude am Wandel stellt sie eine nordisch-behagliche Atmosphäre her. Originell ist das Zimmerbäumchen mit Tannenzapfen, traditionell der aufgehängte Christmas-Strumpf und der Reisigkranz. Nostalgischer Weihnachtsmann und Kerzen gehören für die Familie auch dazu. Ganz unkonventionell gedeckt ist der weihnachtliche Esstisch: Grau-weißes Besteck, filigraner Christbaumschmuck und vergoldete Nüsse betonen Minas Stil … Aber vielleicht ist sie gerade wieder dabei, etwas umzugestalten!

GEHEIMNISVOLL
Pastellfarben gemusterte Hutschachteln übereinandergestapelt und umrahmt von Weihnachtsdeko machen neugierig: Was mag darin sein? Weitere Weihnachtsdekorationen oder Geschenke?

God jul

Merry Christmas

Die zweite Chance

»*Romantisch wohnen heißt für mich,*
helle Möbel in einem etwas verspielten Ambiente zu arrangieren. Mir gefällt die Kombination aus Shabby-Look und klassischem Landhausstil. Sinnlich erfahrbare Wohnaccessoires wie Kerzen und Blumen sind mir dabei wichtig.«

Juliane Klipper (43 Jahre), Ehemann Marten (44 Jahre) und die Söhne Ferdinand (14 Jahre) und Frederik (17 Jahre) wohnen seit 17 Jahren in einer Jugendstilvilla in Norddeutschland.

Zu Anfang bewohnte die Lehrerin mit ihrer Familie eine Wohnung unter dem Dach. Als sich die Chance auf großzügigeres Wohnen in der ersten Etage des gleichen Hauses bot, griffen sie sofort zu. »Wir haben viel renoviert und verändert«, erzählt Juliane. »Die Räume haben durch die hellen Farben sehr gewonnen. Wir fühlen uns hier wohl und sind alle gern zu Hause.« Die Einrichtung ist stilvoll und gemütlich, hier findet die Familie Ruhe und Entspannung.

Die Freundinnen haben die romantische Dachgeschosswohnung geliebt, umso gespannter war Juliane, was sie zur neuen Wohnung sagen würden: »Meine Freundinnen sind begeistert. Es gefällt ihnen, dass alles so harmonisch aufeinander abgestimmt ist und weil es so gemütlich ist. Sie mögen die hellen, frischen Farben und die vielen Details, die es zu entdecken gibt und die das Auge erfreuen.«

SPITZEN UND ROSEN
Zwei Lampenschirme aus bezaubernder Häkelspitze hängen über dem Sofa. Die drei rosafarbenen Röschen in einer kleinen, bauchigen Glasvase passen perfekt zum Rosendekor auf dem Lampenschirm der Tischlampe.

BILDSCHÖN
Fotografien von Blumen wirken in den mit kleinen Schnörkeln verzierten Rahmen wie romantische, gemalte Stillleben. Die verschiedenen Rahmen und der Wechsel von Gold und Weiß lassen die Anordnung noch verspielter erscheinen.

Landhausstil und ein Hauch Shabby Chic

Das Wohnzimmer in der Dachgeschosswohnung hatte Juliane mattweiß und grau gestrichen. Die Längsstreifen geben dem Raum Struktur und lassen ihn höher erscheinen. Durch die großen schrägen Fenster fällt viel Licht in den Raum. Die hellen, einladenden Sofas mit Baumwollhussen und die cremefarbenen Möbel im Landhausstil vermitteln eine entspannte Atmosphäre. Das helle Ambiente hat Juliane mit heiteren Farbtupfern belebt: Rot-weiße Kissen und Decke setzen Akzente. Das Sideboard mit den offenen Fächern bietet reichlich Platz. Durch die vier gleichen Körbe wirkt es zugleich sehr aufgeräumt. Blickpunkt auf dem Sideboard sind Metallleuchter mit Kerzen in Weiß, Rosa und Pink. Auf dem Sofatisch ist eine prächtige Pokalvase mit einem Strauß weißer Rosen arrangiert, daneben zwei Väschen aus Bauernsilber.

»Ein Platz zum Verweilen«

VERSCHNÖRKELT
Eine cremeweiße Wandlaterne aus Metall im Shabby-Look schmückt den Dachträger. Die kleine Wandkonsole im Barockstil passt zum Zeitschriftenhalter aus Holz, beide sind in mattem Weiß gestrichen. Viel romantisches Flair geht auch vom filigran umrankten Spiegel aus.

In einer behaglichen Ecke unter der Dachschräge hat Juliane einen Sitzplatz zum Schmökern und Entspannen eingerichtet. Der kleine bequeme Sessel wird von einem Hocker zum Beinehochlegen ergänzt. Eine Designer-Leseleuchte in Antik-Messing fügt sich dezent ein und sorgt für ausreichend Licht.

Es fiel Juliane sicher nicht leicht, dieses charmante Paradies unterm Dach einzutauschen. Viel Liebe und Arbeit hatte sie hier investiert. Aber die Chance auf etwas Neues wollten Juliane und ihre Familie sich nicht entgehen lassen. Und so zogen sie aus der Dachgeschosswohnung in eine freiwerdende Wohnung im selben Haus.

Auch in der neuen Wohnung ist das Wohnzimmer Lieblingsraum und Treffpunkt der Familie. Die Möbel aus der ehemaligen Wohnung haben einen neuen Anstrich bekommen und strahlen in Reinweiß, passend zu den ebenfalls leuchtend weißen Kassettentüren. Die beiden weißen Hussensofas machen sich auch im neuen Wohnzimmer gut. Neue Kissen und Kuscheldecke sorgen für Gemütlichkeit. Wo Juliane vorher einen starken Kontrast mit kräftigem Rosa schaffte, setzt sie nun auf zarte Farben. Sie hat sich bei den Kissen – im Blütendesign und wie zu Großmutters Zeiten ein rundes Samtkissen mit Knopf – für gedämpfte Farbakzente von Rosenholz bis Lavendel

Englisch

HOME-OFFICE
Ihren Arbeitsplatz hat sich Juliane nebenan im Schlafzimmer eingerichtet: Vor einer Wand in lichtem Grau hängt ein Tellerregal als Bildergalerie, aber auch Bücher, Hefter, Ordner kann die Lehrerin hier griffbereit platzieren. Der weiß lackierte Schreibtisch mit Muschelgriffen bietet hinter seinen beiden Türen viel Stauraum, wirkt aber nicht zu massiv.

entschieden. Lebendiger Blickfang auf dem Sideboard ist die weiße Emaillekanne mit blühenden Zweigen. Die zartlila Kerzen in Metallleuchtern wirken vor allem durch ihre Anordnung in der Gruppe. Der Spiegel über dem Sideboard öffnet den Raum wie ein Fenster und verdoppelt die schönen Blumen- und Kerzenkompositionen. Zwei Tischlampen mit edlen Metallfüßen und schwarzweißen Lampenschirmen flankieren das Arrangement und setzen Kontrapunkte. Auf einem grau lackierten Beistelltisch präsentiert Juliane gefüllte Narzissen in »shabby« Übertöpfen.

Juliane mag verspielte Details und setzt sie sparsam, aber bewusst ein: Damit für die Familie in der neuen Wohnung nur glückliche Stunden zählen, hat sie im Flur eine Trompe-l'Œil-Wanduhr aufgemalt, die auch durch die offene Wohnzimmertür zu sehen ist.

»Verspielte Details erfreuen das Auge«

WEIT UND ELEGANT
Viel Weiß und hohe Zimmerdecken schaffen den angemessenen Rahmen für den üppigen Kristallkronleuchter. Querstreifen hinter den Schränken lassen den Raum noch großzügiger erscheinen.

FARBTUPFER
Auf den drei weißen Wandborden sind die weißen Flohmarktschätze zu bewundern: Aufbewahrungsgläser, Blechdosen im Nostalgiestil, Emaillekannen. Daneben wirken die gelben Tulpen in der runden Glasvase als fröhlicher Farbklecks. Zu den gedämpften Holztönen der Tischplatte stehen die hellgrüne Vase mit zartrosa Tulpen und die matten Glasschälchen in Fliedertönen in gewolltem Kontrast.

Herzstück der Wohnung ist die Küche. Die Dielen glänzen in schönen Brauntönen. Die unteren Küchenschränke sind geschlossen, der obere Bereich mit Hängeregalen und Wandbord präsentiert sich offen und leicht. In den Tellerfächern ist das schöne Alltagsgeschirr griffbereit, an Tassenhaken darunter hängen die nostalgischen Kaffeebecher mit Rosendekor. Landhausstil und Shabby Chic treffen am Essplatz besonders schön zusammen. Der weiß lackierte Tisch mit naturbelassener Holzplatte und die unterschiedlichen Stühle, im Shabby-Stil leicht angeschliffen, wirken ungezwungen – genau richtig für die Familie, die es zwanglos mag. Die Pendelleuchten aus mattem, antikisiertem Metall stehen in reizvollem Kontrast zur verspielten Hängelampe, deren Metallgestell mit funkelnden Glassteinen bestückt ist.

bath

»Wohnen mit allen Sinnen«

STILGERECHT
Neben den schwarz-weißen Fliesen mit Jugendstildekor tritt die Dusche dezent zurück. Hier wurden kleine, hochwertige Mosaikfliesen in verschiedenen Grautönen verwendet. Die stilvolle romantische Hängelampe mit facettierten Glassteinen ist dem Ambiente angemessen.

Die schwarz-weißen Zementfliesen mit floralem Dekor im Badezimmer lassen wie beim Blick auf die antiken Holzdielen und an die Stuckdecken nicht vergessen, dass die Klippers in einem Jugendstilhaus, in einem historischen Gebäude, leben.

Besonderer Blickfang über dem Waschbecken sind die Wandleuchten im Antiklook aus Bauernsilber mit einem Waffelmuster. Kontrast zum weißen Waschtisch, dem Spiegel und der grau-weiß gestreiften Wand schafft das Leiterregal aus dunklem Holz. Viele Möglichkeiten zum Verstauen bieten die Aufbewahrungskörbe aus Weide, sie betonen zugleich die rustikal-ländliche Note. Im Bad hat Juliane Klassisches mit ländlich-natürlichem Charme verknüpft. Auch hier hat sie die zweite Chance auf einen weiteren, romantischen Wohntraum wahrgenommen.

Einrichten als Passion

»Romantisch wohnen heißt für mich,
eine Wohlfühlatmosphäre zu schaffen, die durch aufeinander abgestimmte Möbel und Wohnaccessoires wirkt. Blumen sind mir in diesem Zusammenhang besonders wichtig, da sie die jeweilige Jahreszeit unterstreichen und den romantischen Wohnstil betonen. Von Bedeutung ist für mich, dass sich dieser Einrichtungsstil konsequent durch alle Räume einer Wohnung zieht.«

Seit acht Jahren bewohnen Stephanie Hahn, studierte Produktdesignerin, ihr Mann Peter, ein Chirurg, – und nicht zu vergessen Bulldogge Candy – die Stadtvilla vom Ende des 19. Jahrhunderts im Osten von Hamburg.

Der Stylistin hatten es von Anfang an die hohen Altbauwände und der Stuck angetan. Die Renovierung war arbeitsintensiv, alle Böden mussten aufgearbeitet werden. Vieles hat Stephanie selbst gemacht, um ihren persönlichen Wohntraum zu verwirklichen. Entstanden ist ein Haus im klassisch-eleganten Stil, eine Kombination aus Antiquitäten und modernen Accessoires.

Das Paar reist viel und besucht gern und oft Antikmärkte. Als Stylistin gilt Stephanies Aufmerksamkeit schönen Dingen und dem Kunstgriff diese so zu arrangieren, dass sie besonders gut zur Geltung kommen. Ihr Beruf ist auch ihre Leidenschaft. »Meine Einrichtung unterliegt einem konstanten Wandel«, berichtet sie. Jedes Stück ist aus einem bestimmten Grund für einen bestimmten Platz gewählt – aber es braucht nur ein paar Handgriffe und schon hat Stephanie etwas Neues in Szene gesetzt: »Ich verändere ständig, das ist ja mein Beruf.«

STIMMIGE FARBKOMPOSITION
Stephanie dekoriert gern Ton in Ton: Die Farben der Pfingstrosen reichen von Weiß über Rosa bis Pink, dazu passend weißes Porzellan und rosafarbene Stoffservietten.

HOCHHERRSCHAFTLICHES AMBIENTE
Der opulente Portalstuck über den Türen passt gut zum alten Deckenstuck, das Paar hat ihn erst neu anbringen lassen. In der Diele neben dem Durchgang zum Esszimmer erfreuen zwei große Windlichter und ein Stuhl im Rokokostil mit Gobelinbezug.

Gastfreundschaft und Rosenliebe

Damit Möbel und Accessoires wirken können, sollten die Raumfarben eher dezent sein, findet Stephanie. Entsprechend sind Diele und Esszimmer in Weiß und Zartgelb gehalten. Die nicht bis zur Decke reichenden Blockstreifen lassen den hohen Raum niedriger und in sich geschlossen erscheinen. Über dem antiken Konsoltisch schmückt ein reich verzierter Spiegel die Wand des Esszimmers und schafft so ein Fenster im Raum. Die gepolsterten Stühle mit dem traditionellen Rohrgeflecht in der Rückenlehne sind weiß lackiert. Lampen und Leuchter aller Art wecken Stephanies Begeisterung: der prächtige Kronleuchter über dem Tisch, die weiße Lampe mit dem gedrechselten hohen Fuß und die hohen reliefverzierten Kerzenleuchter mit ausgestellten Füßen auf dem gedeck-

ten Tisch. Ihre Freunde kennen Stephanies Freude am Dekorieren und Verändern, sie würden sich sehr wundern, wenn beim nächsten Besuch alles genauso aussähe wie beim letzten Mal. Den Mittelpunkt des Tischschmucks bildet ein üppiger Strauß gefüllter Pfingstrosen. Blickfang daneben ist die silberne Bonbonniere mit Glasglocke.

Das Bad unter dem Dach hat einen modernen Look, es wurde ganz auf die Bedürfnisse der beiden Benutzer abgestimmt. Viel Licht spendet neben dem Seitenfenster das große Gauben-

ALLES IM BLICK
Der große Spiegel über dem Waschtisch kann durch zwei Wandstrahler beleuchtet werden, seitlich flankieren ihn zwei hübsche Vergrößerungsspiegel mit Scherenarmen.

»Hier beginnt der Tag«

fenster über der Eckbadewanne. Weiß-graue Blockstreifen schmücken sowohl die Wanne als auch die Wand hinter dem Waschtisch. Bruchsteinfliesen aus hellem Sandstein bilden den Spritzschutz über der Badewanne und zieren auch ein säulenförmiges Stück Wand. Davor lehnt eine rustikale, alte Holzleiter, sie dient als perfekter Handtuchhalter. Gemütlich und einladend wirkt dieses Badezimmer, nicht nur zweckgebunden. Wer den breiten Sessel sieht, möchte sich unbedingt hineinkuscheln.

NEWGATE
LONDON
maison

»Wir laden uns gern Gäste ein«

Am liebsten halten sich Stephanie und Peter in der Küche auf. Hier bewirten sie gern ihre Freunde. Dann sitzen sie auf den Stühlen mit den naturfarbenen Hussen um den alten, dunkel gebeizten Tisch, essen, trinken und reden.

Auf dem Küchenfußboden sind die Fliesen ganz klassisch im diagonalen Schachbrettmuster verlegt. Rund um die weiße Decke laufen die in Zartgelb gehaltenen, alten Stuckleisten. Die Wände sind in einem zurückhaltenden Cappuccino-Ton gestrichen. Die Holzverkleidung in grauweißen Tönen über der Küchenzeile reicht nicht ganz bis unter die Decke, so erscheint der hohe Raum etwas niedriger und die Atmosphäre ist heimeliger.

Über der Tür zum Garten zeigt eine Bahnhofsuhr im Nostalgie-Look die Zeit an. Den Tisch beherrscht ein Strauß weißer Levkojen in einer Porzellankanne, daneben haben Äpfel einen exponierten Platz auf einer Tortenplatte mit hohem Fuß gefunden. Über dem Tisch hängt ein Kronleuchter mit vielen geschliffenen Glassteinen. Unter dem selbst genähten Faltrollo am Fenster sind zwischen zwei Holzleuchtern filigrane Zweige in einer schmalen Glasvase arrangiert. Rechts vom Fenster beginnt die Küchenzeile aus Unterschränken mit je einer Schublade. In drei offene Fächer sind Weidenkörbe geschoben. Vor einem Schrank verbirgt ein kleiner Vorhang das Innenleben. Der Herd ist integriert, oben auf dem selbst gemachten Spritzschutz aus einem Bilderrahmen sind zwei herzige Putten angebracht. Die Dunstabzugshaube »krönen« zwei Metallkronen mit dekorativer Patina.

GELUNGENE VERKLEIDUNG
Hinter den durchbrochenen Türen des weißen Schränkchens verbirgt sich die Heizung. Auf den Bildern darüber lässt sich Silberbesteck bewundern.

GLANZSTÜCK
Der glänzende alte Gründerzeittisch in Honigbraun mit gedrechselten Beinen ist das Herzstück der Küche. Es wäre schade, ihn unter einer Tischdecke zu verstecken.

Dekoratives Schmiedeeisen setzt Akzente in dieser Küche: Vor der Scheibe an der Tür zum Garten ist ein Schnörkelgitter angebracht und die Halterungen der Regale über der Küchenzeile zeigen Blattranken und Vögel. Hübsche Gläser, dekorative Vogelhäuschen, Porzellan- und Blechdosen und eine alte englische Brotbüchse sind auf den Regalen untergebracht. Zwischen Tür und Fenster, passgenau, bietet ein alter Zeitungshalter Lesestoff.

Am meisten genießt es die Stylistin, im Garten zu dekorieren. Blumenarrangements und Outdooraccessoires haben es ihr besonders angetan. Von der Küche aus führt die Steintreppe mit schmiedeeisernem Geländer in den Garten. Neben der Tür erfreut ein Rosenhochstämmchen.

REIZVOLL PRÄSENTIERT
Dicke Holzbohlen und kunstvolles Schmiedeeisen, weiß gestrichen und lackiert, machen den Reiz der Küchenregale aus und bilden die ideale Bühne für Porzellan- und Emaillekannen sowie Dosen in Shabby-Optik.

Am Treppengeländer hängen in Kästen großblütige Hängepetunien in Rosa und Pink. Direkt unterhalb der Treppe liegt versteckt hinter Schmuckkörbchen und Rosen ein Sitzplatz für zwei.

Ein Rosengarten war vorhanden, als die Hahns einzogen, aber Stephanie machte daraus eine echte Gartenoase. Ihr Kommentar: »Meine Lieblingsblume ist die Rose, die ist es schon immer.« Stephanie und Peter haben sich verschiedene verträumte Sitzecken im Garten eingerichtet, je nach Tages- und Jahreszeit wird ausgewählt. Auf einem hellen Kiesplatz neben einem Beet lädt ein klassisch französisches Ensemble zum Verweilen ein: zwei verschnörkelte Gartenstühle und

BLÜTENMEER
Schmiedeeisernes Vordach, Türgitter und Treppengeländer bilden den malerischen Rahmen für ein Blütenmeer, das sich etagenweise erstreckt: Hochstammrose, Hängepetunien, Strauchrosen am Sitzplatz, im Vordergrund Cosmea in Pink und blauer Storchschnabel.

ein kleiner Tisch aus Metall. In einem weißen Metallkorb steht eine Glasvase mit dicht gefüllten Rosen aus dem Garten. Der Lavendel im Weidenkorb und im Beet rund um den Sitzplatz verströmt seinen Duft. Eine zartrosa Cosmea leuchtet aus dem Zinkeimer.

Aber auch in der fliederblau-weißen Laubenbank mit Giebeldach lässt es sich aushalten. Rundum wachsen Hochstämmchen: Rose, Fuchsie und Strauchmargerite, im Vordergrund niedrige Strauchrosen. Dicht am Gartenzaun steht eine kleine, weiße Holzbank, dahinter eine dicht gefüllte englische Strauchrose in Gelb. Einen Dornröschentraum hat Stephanie mit ihrem Garten-

HAUPTSACHE, ROSEN
Gern nutzt Stephanie die Rosen aus ihrem Garten für Sträuße. Manchmal hat sie vorher eine bestimmte Farbzusammenstellung im Sinn, manchmal lässt sie den Strauß beim Gang durch den Garten einfach »wachsen«.

FRUCHTIG IN PASTELL
Wenn sie Zeit hat, näht Stephanie gern. Für diese Kissen hat sie Erdbeeren aus altrosa-weiß gemustertem Baumwollstoff mit Stielen in Hellgrün auf einen cremeweißen und einen hellgelben Hintergrundstoff appliziert.

bett komponiert. Decken, Kissen und Bodenläufer hat sie mit Rosenmotiven in Schablonentechnik versehen, ein Tüllschleier schützt vor Insekten. Daneben bezaubert eine prachtvolle Duftpelargonie im Mosaikkübel.

Stephanie und ihr Mann bewirten ihre Freunde auch gern im Garten. Und die Freunde kommen gern und oft – ob zu Erdbeertörtchen oder Apfelkuchen. Dann können sie ihre Glas- und Porzellanschätze hervorholen, die schönsten Rosenblüten »ernten« und in romantischen und himmlisch duftenden Dekorationen schwelgen.

Ein Stück Himmel

»Romantisch wohnen heißt für mich,
leicht und hell, sehr gemütlich und warm zu wohnen,
mit schönen Details in den Räumen.
Blumig darf es sein, aber nicht kitschig.
Und alles in meiner Lieblingsfarbe Weiß und den
Pastelltönen Hellblau, Rosa und Mintgrün.«

Seit zwei Jahren wohnen Yvonne Mireille König (43 Jahre) und ihr Mann im eigenen Haus in Nordrhein-Westfalen. »Ich mag das Helle und Leichte in unseren Räumen«, sagt die ausgebildete Fremdsprachenkorrespondentin. Für Yvonne ist es eine Lebenseinstellung, sich mit schönen Dingen zu umgeben, sich »ein Stück Himmel« ins Haus zu holen. Und das tut sie, wenn sie vor einem Hintergrund aus weißen Möbeln mit Wohnaccessoires und besonders Wohntextilien in Himmelblau Akzente setzt.

»Am liebsten dekoriere ich alles immer wieder neu! Ich liebe es, mal schnell umzuräumen und Blumen zu verteilen. Mein Kerzenvorrat geht nie aus und überall gibt es Kissen und Decken.« Vieles für die Wohnung näht Yvonne selbst, Handarbeiten jeder Art gehören zu ihren Hobbys. Und es gibt immer wieder neue Dekostücke, Kissen, Decken, Geschirr, Emaille … Durch ihren Onlineshop für Wohnaccessoires sitzt sie, wie sie selbst sagt, »an der Quelle«.

FRISCHES GRÜN
Auf dem zartblauen Hocker dient ein alter Emailleeimer als Übertopf für eine üppige Grünpflanze. Das frische Grün setzt einen lebendigen Blickpunkt im Raum.

BÜRO MIT ROSEN
»Meine Lieblingsblumen sind Rosen, vor allem die alten Sorten«. Yvonne kultiviert sie in ihrem Garten. Deshalb stehen auf ihrem leichten Schreibtisch drei Glasvasen mit Rosen. Sie wirken besonders anmutig vor dem verschnörkelten Spiegel.

Eine Vorliebe für Himmelblau

Das große Zimmer, in dem Wohn- und Essbereich ineinander übergehen, ist lichtdurchflutet. Durch die großen Fenster und Türen schweift der Blick ungehindert in den Garten. Die hellblauen Vorhänge wirken wie eine frische Brise. Belebendes Blau bringen auch ein Hussensessel und ein lackierter Stuhl in den Raum. Das Weiß des Hussensofas betonen die Kissen mit romantischem Rosendessin in Pastellfarben. Gern verbringt Yvonne hier einen »faulen Sonntag«. Rechts vom blauen Sessel steht ein leichter, weißer Gartentisch aus Metall. Eine Emaillekanne mit Schleierkraut, ein weißes Holzkörbchen und eine Glasvase mit Rosenblüten sind darauf arrangiert. In einer hellblau gestrichenen Obststiege davor bewahrt Yvonne selbst genähte Patchworkkissen auf. Vielleicht hat sie die charmante Tischdecke mit Spitzenborte auf dem Sofatisch selbst gefertigt, vielleicht ist sie auch ein Erbstück.

*»Lebensfreude heißt auch,
die Sinne zu verwöhnen«*

ERDBEEREN UND ROSEN
»Ich probiere gern neue Rezepte aus«, sagt Yvonne und präsentiert hübsch eingeschlagene Cupcakes. Ebenso gern erprobt sie neue Tischdekorationen mit dem Charme von anno dazumal: Modernes, dekoratives Geschirr in Pastellfarben, klassische Kelchgläser und das hübsche Schüsselchen mit Rosendekor.

Einladend wirkt der gedeckte Esstisch mit der antiken Tischdecke mit Lochstickerei. Den nostalgischen Lampenschirm mit Spitze hat Yvonne selbst gemacht. Zwei helle Holzstühle im Landhausstil vermitteln Gemütlichkeit. Die weiße Sitzbank mit Lehne ist erst in diesem Jahr dazugekommen. Auf der Bank vorn zeigt sich Yvonnes Liebe für Pastell und Blumiges: Die Kissen sind hellblau mit Rosenmuster. Am Hakenbrett hinter dem Tisch ist eine kleine Vase mit Röschen angehängt. Auf der Tafel kündigt Yvonne für ihren Mann und Besucher frisches Backwerk an.

»Die Küche ist mir einer der liebsten Räume, sie ist klein, aber gemütlich, mit Morgensonne! Ich koche und backe sehr gern. Und hier sitze ich oft stundenlang mit Freundinnen zum Kaffeeklatsch.« Die kleine Küche wirkt sehr großzügig: Weiß spielt die entscheidende Rolle. Der Raum ist mit vielen verschiedenen Weißschattierungen gestaltet: Leuchtend weiß sind Wände, Tür, Wandfliesen, Tisch und Stühle. Die Unterschränke und der Hängeschrank sind cremeweiß, ebenso die kleinen Fächerregale im Shabby-Look auf der Arbeitsplatte. Reinweiß mit leichtem Faltenwurf zeigt sich der nostalgische Baumwollvorhang mit breiter Spitzenborte. Die Bodenfliesen sind weiß-grau marmoriert. Yvonne zeigt es: Weiß ist nicht gleich Weiß, es kann viele Facetten haben und ist vielfältig einsetzbar.

ZAUBERKÄSTCHEN
Yvonne bastelt und werkelt gern. Ganz schnell ist dieses entzückende Miniregal entstanden: Ein Holzkästchen weiß gestrichen, innen die Rückwand mit romantisch geblümtem Découpagepapier bezogen, so erschafft sie ein wenig Puppenstube im Haus.

KÜCHENFREUDE
Auf den einzelnen Borden sind modernes Geschirr und Schüsseln sowie Dosen im pastellfarbenen Nostalgielook liebevoll aufgereiht. Zu beneiden ist Yvonne um ihre Stücke aus »Großmutters Küche«: den Topflappentopf, das Eimerchen mit Kräutern, Tiegel und Durchschlag, beides aus Emaille!

Der Natur verbunden

»Romantisch wohnen heißt für mich,
helle Räume, Naturverbundenheit,
frische Blumen und
ein Baum vor dem Fenster.«

Carolina Franke wohnt in gewisser Weise an zwei Orten. Mit ihrem Ehemann residiert sie in einem Haus mit großer, überdachter Terrasse und Garten. Unter der Woche verbringt sie aber viel Zeit in ihrem Ladengeschäft. Mit diesem Laden und einem Onlineshop hat sie sich vor zehn Jahren selbstständig gemacht. »Mein Beruf ist mein Hobby«, strahlt sie.

Bei der Einrichtung ihres eigenen Hauses hat Carolina den schlichten, skandinavischen Wohnstil mit einer großen Portion französischer Lebensart verknüpft. Dazu bot das Haus mit seinen großzügigen Räumen die besten Voraussetzungen. Wichtig ist ihr beim Wohnen vor allem die Verbindung zur Natur und eine bestimmte Leichtigkeit, alles soll ungezwungen und freundlich erscheinen. Das ist gelungen: »Meine Freundinnen lieben unser Haus und wollen immer gern länger bleiben …«

Velkomme

EINLADEND
Am liebsten möchte man sich gleich auf einem der verschnörkelten, französischen Gartenstühle aus Eisen niederlassen. Auf dem Tisch liegt eine Tischdecke mit Rosenmuster und Vichykarorand, darauf stehen Glasgefäße und nostalgische Kaffeetassen.

FARBENFROH
Keramikknäufe gibt es in vielen Farben und Mustern zum Verschönern von Kommoden und anderen Möbelstücken.

Nordisch schlicht, französisch leicht

Carolina ist gern in ihrem Laden, sie und ihre Kundinnen fühlen sich dort wohl. Das Ladengeschäft wirkt wie ein kombiniertes Wohn- und Esszimmer. Bank und Truhenbank mit schönen Rosenkissen und dunkelgrauen Sitzpolstern bieten Sitzgelegenheiten am Tresen. Das Regal mit Bändern und Borten ist so dekorativ, das selbst jemand, der nicht näht, es sehr gern als Deko-Objekt in seinem Zuhause haben würde. Über dem Tresen hängen leichte weiße Lampen mit hübschem schwarzem Drahtgeflecht. I-Punkt auf dem Ladentisch ist ein weißer, ausladender Amphorenkübel mit duftendem Lavendel.

KISSENPARADE
Cremeweiße Kissen mit nostalgischem Aufdruck oder mit »Großmutters Häkelspitzen« fügen sich dezent ein.

NATÜRLICH
Kleine Lavendelsträuße verbreiten angenehmen Duft – und sehen wunderschön dekorativ aus.

»Mit dem Schuss Savoir-vivre«

HORTENSIENLIEBE
Die Säule auf der Terrasse wird flankiert von großen Tontöpfen mit Hortensien. Eine prächtige weiße Hortensie wächst auch in der Steinamphore auf der Brüstung.

»Das Schönste an unserem Haus sind die Räumlichkeiten«, meint Carolina. »Von der Küche kommt man direkt auf eine große Terrasse.« Der Sitzplatz auf der Terrasse hat französisches Flair: ein weißes Gartensofa aus Schmiedeeisen, gegenüber eine weiße Holzbank. Hohe weiße Kerzenleuchter auf dem Tisch korrespondieren mit einem hohen weißen Pokal, der üppig mit Hortensienblüten gefüllt ist. Zu den violetten Kelchgläsern passt das flache Gesteck aus Lavendel und Rittersporn. Vor und auf der Terrassenbrüstung sind Blumen in Tonkübeln aufgestellt. Einen interessanten Kontrast bilden die ganz kleinen Blüten des Schleierkrauts zu den großen weißen Blüten einer prachtvollen Hortensie. Außergewöhnlich sind die beiden Zierfenster mit Spiegeleinsatz und Fensterläden, in ihnen spiegelt sich das satte Grün der Kastanie vor der Terrasse, sie »öffnen« so die weiß verputzte Wand.

NO. 690

STAMMPLATZ
Gut, dass das Wohnzimmer über mehrere schöne Sitzgelegenheiten verfügt: Carolinas Maremmano hat mal wieder das gemütliche Sofa in Beschlag genommen.

IMMER IN REICHWEITE
Im Vitrinenschrank hat Carolina allerlei Schätze untergebracht: Lieblingsaccessoires, Ererbtes, Fundstücke und Raritäten. Schön, dass sie einen Sitzplatz gleich neben ihren Kostbarkeiten hat.

»Ein Platz für Mußestunden«

Im Winter bevorzugen Carolina und ihr Mann das gemütliche Wohnzimmer. Auf Hussensofa und -sessel in Weiß finden sich Decken und Kissen: gequiltet, getupft, mit Rosendessin, mit Spitzenborten und aus filigraner Häkelei. »Ich liebe zarte Pastelltöne in Kombination mit Weiß«, sagt Carolina dazu.

Auf dem Couchtisch bildet ein schlichtes Holztablett die Präsentationsfläche für ein »Naturensemble« aus einem dicht verzweigten Ast, einer Schale mit Korallen, einer cremeweißen Kerze und einem hohen Glasgefäß mit Muscheln. Daneben glänzen Glaswindlichter in Silber und Rosa.

Wie von selbst wird die Aufmerksamkeit auf ein Ölgemälde im antiken Rahmen und ein dunkles Möbelstück darunter gelenkt: Der schöne alte Holzschrank mit Flügeltüren, Füßen und figuralem Schnitzwerk ist Carolinas Lieblingsstück, ein Erbstück von ihrer Tante.

Ganz »skandinavisch« sind Vorhänge und Rollo mit blauweißen Blockstreifen, das Rollo schmückt eine Fischskulptur. Einen anheimelnden Ruheplatz bietet das Ensemble aus weißem Vitrinenschrank, Korbsessel mit Kissen und Decke aus Häkelspitze, verschnörkeltem Spiegel und

AM KAMIN
Auf dem Kaminsims unter dem prunkvollen Spiegel stehen silberne Kerzenleuchter, eine Silberbonbonniere mit Glasglocke und eine Glasvase mit Schmuckkörbchen. In der Kaminattrappe hat Carolina verschieden große Kerzen aufgestellt.

BUNT UND LÄSSIG
Wie frisch von der Wiese gepflückt, verbreitet ein üppiger Strauß auf dem Tisch heitere Sommerlaune und nimmt dem polierten Tafelsilber etwas von seiner noblen Förmlichkeit.

SOMMERGEDECK
Lavendelzweige und noch grüne Bombeeren sind auf die Serviette gebunden – jeder Gast bekommt sein eigenes, natürliches Sträußchen.

Couchtisch im Shabby-Look. Ein schöner Akzent auf dem Tisch sind große rosafarbene Hortensienblüten in einer Glasvase. Der Blick reicht durch die schönen großen Schiebetüren bis ins Esszimmer.

Im Esszimmer steht der Traum aller Dekoverliebten: eine Kaminattrappe im klassischen weißen Look. Der Spiegelrahmen mit Ziersäulen und Ornamenten passt perfekt dazu. »Am liebsten dekoriere ich mit frischen Blumen und sehr gern den Esstisch, wenn wir Gäste erwarten.« Der Tisch ist gedeckt: graue Tischsets mit Häkelspitze, darauf dunkelgraue Platzteller und weißes Porzellan. Edle, geschliffene Sekt- und Wassergläser stehen bereit. Ein Lavendel im Sektkühler und ein Strauß Sommerblumen schmücken die Tafel. Am Abend beleuchten vier gleiche Hängelampen aus Glas den Tisch.

GRIFFBEREIT
An und auf drei übereinander angebrachten Hakenregalen setzt Carolina weißes Porzellan in Szene: Saucieren, Suppenterrinen, Milchkännchen und eine durchbrochene Schale.

»Im Sommer halten wir uns gern in der Küche auf«, erzählt Carolina. Weiße Küchenmöbel sind mit hellbraunen Holzarbeitsplatten bestückt, ebenso der große Tisch in der Mitte. Darauf gesellen sich zu großblumigen rosa Levkojen in einer Kannenvase, eine Glockenblume im Glas und kleinwüchsige Hortensien in einer Maxitasse. Erdbeertörtchen warten unter einer gläsernen Tortenhaube auf den Verzehr. Am Fenster hat Carolina weiße Levkojen und Brombeerzweige in weiße Porzellanmilchkannen dekoriert. An der Wand neben dem Fenster steht eine schmale Aufsatzvitrine. Hinter den Glastüren ist Carolinas schönes Geschirr zu bewundern. Sie möchte, dass es gesehen wird. Ein Strauß fiedriger Jungfer im Grünen vor der Vitrine erfreut die Augen. Der besondere Hingucker der Küche ist aber der klare, bauchige Glaslampenschirm mit seinem ornamentalen Strukturmuster.

SPIEGLEIN, SPIEGLEIN
Auf der Ablage oberhalb des Waschbeckens, vor dem großen Spiegel arrangiert Carolina einen verschnörkelten Handspiegel mit Standfuß und Glasvasen mit grünen Hortensien.

»Wohlfühlen in sanften Tönen«

SINN FÜRS SCHÖNE
Hier ist Platz für dezente, reizvolle Utensilien und Accessoires mit französischem Flair: Duftkerzen, handgemachte Seife und ein nostalgischer Seifenspender mit passender Schale aus Porzellan.

Im Bad hat Carolina auf eine warme und natürliche Ausstrahlung Wert gelegt und sich für graubeigefarbene Mosaikfliesen an den Wänden entschieden, im unteren Bereich für Rotbraun. Etwa in Augenhöhe befindet sich eine umlaufende Ornamentbordüre aus beiden Fliesentönen. Große marmorierte Fliesen in Beige bedecken den Boden.

Mit seinen klaren Linien und der hohen Armatur fügt sich der große Waschtisch gut ein. Ein schlichter, schmaler Hocker hält unter dem Waschbecken Handtücher bereit. Der große Spiegel mit zwei Spiegelleuchten lässt den Raum größer und heller erscheinen und trägt so bei zur freundlichen Gesamtatmosphäre des Hauses: nordisch schlicht, französisch leicht.

Hauptsache, individuell

»Romantisch wohnen heißt für mich,
besondere Details in der Wohnung liebevoll betonen.
Dabei dekoriere ich gern mit Typografie.
Es muss nicht immer alles harmonisch glatt sein,
Kontraste und bewusste Brüche wirken ansprechend.«

Christina Sauer (40 Jahre) lebt mit ihren beiden Töchtern (9 und 11 Jahre) und ihrem Partner, ihrer alten Jugendliebe, seit Sommer 2012 in einer Altbauwohnung in Hamburg. Die Wohnung war ein echter Glücksgriff, findet die Grafikdesignerin, allerdings gab es für das Paar auch viel zu renovieren.

Was Einrichtung und Dekoration angeht, ist die Wohnung von zwei Stilkonzepten geprägt: Shabby Chic und Industriestil. Die Liebe zu Altem und Schönem ist unübersehbar. Christina hat mit viel Gespür für Form, Farbe und Strukturen auf alt Gemachtes und viel Weiß mit Metall und gealtertem, antikem Holz kombiniert. Ihre Schwäche für besondere Oberflächenstrukturen und ausgefallene Dekorationen wird in jedem Raum erkennbar.

Alle Freunde, die die Wohnung vor der Renovierung gesehen haben, sind erstaunt und ganz begeistert: »Was ihr aus der Wohnung gemacht habt!« Und sie freuen sich immer wieder über die eine oder andere kleine Veränderung in den Zimmern.

MARKANTER BLICKFANG
»Mein Lieblingsmöbelstück ist unser Couchtisch aus einer alten Kabeltrommel«, schwärmt Christina, »das ist ein schöner Bruch in Sachen Einrichtung.«

FOTOSAMMLUNG
Die Zeit altmodischer Fotoalben oder auf dem Sideboard aufgereihter Urlaubsfotos ist vorbei. Auf der hellgrauen Wand wirken die farbstarken Fotos eindrucksvoller. Sie sind mit kleinen Foldbackklammern angebracht, so können sie immer wieder ausgetauscht werden.

IMPOSANT
Dieser Beistelltisch aus altem, schwarz gebeiztem Holz hat einfach Charakter. Übrigens wird er von den Mädchen auch gern als Sitzhocker verwendet. Für einen spannungsvollen Kontrast hat Christina eine glatte, glänzende Vase in Himmelblau mit einer Hortensienblüte darauf platziert.

Kontraste beleben

»Am liebsten sind wir in den beiden hellen Wohnzimmern. Wir sitzen am großen Esstisch zusammen. Hausaufgaben, spielen, essen und Kaffee trinken, Musik hören und arbeiten – alles machen wir hier.«

Das große Wohn- und Esszimmer und das kleinere Wohnzimmer sind durch eine hohe Schiebetür verbunden. Im kleinen Wohnzimmer kommt vor dem dezenten, kleinen Sofa in Grau der einzigartige Couchtisch aus einer Kabeltrommel gut zur Geltung. Für ausreichend Leselicht sorgt eine Stehlampe aus Metall im Industriedesign. Von den drei Leuchtern im Shabby-Stil mit hohen weißen Kerzen geht der Blick zur verspielten, mit Glassteinen verzierten Hängeleuchte. Farbtupfer sind die blaue Vase und Schale auf dem Couchtisch und die Kissen in Türkis und Blau.

Christina liebt besonders die hintere Wand im Wohn- und Esszimmer. Diese hat das Paar nach dem Abziehen der Tapeten nur etwas gesäubert, dann versiegelt. »Dort sind noch Spuren alter Zeitungen in altdeutscher Schrift zu entdecken – spannend, oder?« Der weiß gestrichene Tisch mit den gedrechselten Beinen hat eine neue Tischplatte bekommen: Vier starke Holzplanken wurden mit Whitewash behandelt, das gibt dem Holz eine interessante verwaschene, kreidige Optik. Die altweiß lackierten Metallstühle unterstützen den Industrial Style. Über dem Esstisch hat Christina einen Strauß Licht gebunden: Die schlichten, aber effektvollen Hängeleuchten bestehen aus großen Glühlampen in einfachen Fassungen. Zurückhaltend ist der Tisch gedeckt: weißes Porzellan in klassischer Form, klares Glas und ein rustikales Holzbrett.

BODEN-SCHATZ
In schönem, warmem Goldbraun leuchten die geölten Pitchpineböden, die Holzmaserungen der einzelnen Dielen sind klar erkennbar. Der Raum vermittelt Wärme und ein Zuhause-Gefühl.

FENSTERPLATZ
Gerade breit genug für die Mädchen sind die Fensterbänke der Wohnung. Mit einem bequemen Kissen sind sie ein beliebter Sitzplatz, von hier aus lässt sich genau beobachten, was unten auf der Straße vor sich geht.

DRUCKFRISCH
Die Grafikdesignerin spielt gern mit typografischen Gestaltungen und dem Zusammenklang einzelner Wörter. Hinter dem bedruckten Holzbrett zeigt sich die unbehandelte Wand mit Tapeten- und alten Zeitungsresten.

ZEITMESSER XXL
Fast wie ein großes Gemälde wirkt die überdimensionale Wanduhr. Sie gibt der Küche das Ambiente einer Fabriketage.

»Keine Harmonie ohne den Reiz der Kontraste«

IN REIH UND GLIED
Rustikale, schnörkelige Regalhalter aus Gusseisen tragen die schmalen Wandborde aus hellem Holz. Schlichtes weißes Geschirr und Gläser zum täglichen Gebrauch sind darauf untergebracht neben Metalldosen im Shabby-Stil.

Die dunkelgrauen Wände der Küche erinnern an ein Fabrikinterieur. Die Schrankfronten sind glatt und weiß, die Türgriffe aus Metall zweckmäßig geformt. Das Holz der Bodendielen, der Arbeitsflächen und der Tischplatte vermittelt natürliche Bodenständigkeit. Ein schlichtes, funktionelles Design zeigt sich auch in dem eingelassenen, rechteckigen Waschbecken und der Armatur darüber. Auf ihrer selbst gestalteten Bildtafel über dem Herd lotet Christina die verschiedenen Kaffeevarianten aus. Eine Stuckleiste mit floralen Ornamenten läuft rund um die Decke. Das Paar hat die Decke von Tapete befreit und unverputzt gelassen. Dann wurde eine klassische, unverschnörkelte Struckrosette angebracht. Aus ihrer Mitte hängt eine Fabrikleuchte aus Stahl herab. Hier treffen sich Shabby Chic und Industriestil.

Cottage in Holstein

»Romantisch wohnen heißt für mich,
sich wohlzufühlen. Ich umgebe mich gern
mit persönlichen Dingen und Erbstücken
und habe Freude, immer wieder Kleinigkeiten
gekonnt ins Blickfeld zu rücken.«

In einem Klinkerfachwerkhaus in Schleswig-Holstein wohnt Charlotte Wallace mit ihrem Mann und ihren beiden Kindern. Das Haus in der Nähe von Ratzeburg umgibt ein 4000 Quadratmeter umfassender Garten. Zum Haushalt gehören außerdem ein Golden Retriever und ein Kater. Da gibt es immer jede Menge zu tun, nur gut, dass sie »Haus und Hof« als ihr Hobby bezeichnet. Charlottes Mann ist zur Hälfte englischer Abstammung, kein Wunder also, dass sich das Paar beim Einrichten des Landhauses vom englischen Country- und Cottagestil hat inspirieren lassen.

Nicht nur beim Einzug damals, auch sonst stellte sich immer wieder heraus, dass Charlotte ein Händchen fürs Einrichten und Dekorieren hat: »Meine Freundin nannte unser Heim einen Schmuckkasten und riet mir, ein Dekogeschäft mit Wohnberatung zu eröffnen.« Warum eigentlich nicht, dachte sich die gelernte Reiseverkehrskauffrau, setzte diesen Vorschlag in die Tat um – und eröffnete 2011 das Domkontor in Ratzeburg, einen Laden für Dekorationsobjekte und Wohnaccessoires.

GELIEBTER OFEN
»Am liebsten sind wir im Wohnzimmer am Ofenfeuer mit einem Glas Wein, einem guten Buch und glücklichem Hund und Kater.« Die Ahnenbilder der Familie haben einen Ehrenplatz neben dem geliebten Ofen.

RUSTIKALE ELEGANZ
Eine Holztruhe dient als Couchtisch. Sie ist eine ehemalige Waffenkiste, die Charlotte und ihr Mann aus London mitgebracht haben. Darauf hat Charlotte zwei Kerzenleuchter aus Bauernsilber neben einer Hortensie im Zinkeimer arrangiert. Gern holt sie auch Blüten ihrer englischen Rosen ins Haus, hier rosarote Exemplare im Glas.

Freude am Landleben

So ein »englisches Landhaus« verlangt nach großzügigen Räumlichkeiten, deshalb haben die Wallaces damals eine Wand herausgenommen. Sandfarbene Wände schaffen sonnig-heitere Stimmung, ebenso die Faltrollos vor den Fenstern im gleichen Farbton. Decke, Fenster und Reste des Wandausbruchs sind weiß gestrichen. Die freundlich-warmen Farbtöne setzen sich in den hellen Polstermöbeln und dem großen Sisalteppich fort. Charlotte liebt besonders das Sofa von einem schwedischen Möbelhaus, »für das ich immer wieder einen anderen Bezug bekommen kann«. Das war wichtig, als die Kinder noch kleiner waren, und auf dem Land mit zwei Haustieren ist es einfach praktisch. Der schwedische Kachelofen mit schön gestalteter Krone unterstreicht

TRAUMPAAR
Aus Rosen und Bauernsilber entsteht eine hinreißende Dekoration. Die Hängevasen aus Bauernsilber unterstreichen den ländlichen Stil.

»Der Garten ist voll von kleinen Freuden«

die gediegen-romantische Atmosphäre des Wohnzimmers. Neues und Altes hat Charlotte mit geschickter Hand hier zusammengeführt: den goldgerahmten antiken Spiegel, die modernen weißen Lampen vor und in den Fenstern, den Kerzenkronleuchter und den hohen Tabletttisch.

Im Garten, nah am Haus ist der Familiensitzplatz. Unter einem Landhausschirm sitzen alle gern auf den bequemen ausgeblichenen Deckchairs zusammen. Blickfang daneben ist eine schöne weiße Hochstammrose.

Neben der Haustür an der Klinkerwand ist eine hübsche alte Laterne angebracht, davor stehen zwei anthrazitfarbene Pflanzkübel mit Buchsbaum und in hellen Zinkeimern duftender Lavendel. Auf dem Tisch probiert Charlotte immer neue Dekorationen aus. Das Klinkerpflaster im Fischgrätenmuster ist typisch norddeutsch, bei den Wallaces vielleicht aber auch eine Reminiszenz an den Cottagegarten.

UNTERM BALDACHIN
Auf den Fachwerkbalken ruht eine Zwischendecke – hier steht Kates Bett mit einem luftigen Baldachin, natürlich in hellem Rosa.

Das Kinderzimmer der kleinen Kate im Obergeschoss ist ein wahrer Mädchentraum, ein romantisches Prinzessinnenzimmer: mit der verspielten Lampe, dem Einhorn und dem Puppenhaus im Stil von anno dazumal. Der untere Teil der Wand ist in zartem Rosa gestrichen, das gibt dem Raum Struktur. Ebenfalls rosa sind die Raffrollos über den Fenstern.

Das Schlafzimmer zeigt sich luxuriös: Auf dem edlen, polierten Massivholzbett liegen Kissen aus Toile-de-Jouy. Rustikale Eleganz vermitteln die Holzbalken an Decke und Wänden. Sie sind typisch für den Cottagestil und wirken besonders beschaulich-ländlich, die zartgelb gestrichenen Wände nehmen ihnen die Strenge. Hier leben Menschen, die das Landleben voll und ganz genießen.

»BED AND BREAKFAST«
Am Wochenende wird auch gern mal im Bett gefrühstückt mit echter englischer Jam.

Leidenschaftlich kreativ

»Romantisch wohnen heißt für mich,
die Farbe Weiß mit Pastellfarben zu kombinieren
und das Haus mit alten Möbeln mit Macken,
vielen Kissen, Spitze und Leinen zu gestalten.
Im Winter brennen ganz viele Kerzen drinnen,
im Sommer ganz viele draußen.«

Eigentlich ist Susi Rothmeier (50 Jahre) examinierte Krankenschwester, aber eine künstlerisch-kreative Ader hatte sie schon immer. Seit einigen Jahren hat sie sich mit ihrem Label »Qunst und Qrempel« selbstständig gemacht und verkauft in ihrem Bauwagen im Garten, auf Künstlermärkten in und um München und in ihrem Webshop selbst gefertigte und ergänzend ausgewählte Wohnaccessoires und Geschenke im nostalgisch-romantischen Stil.

Mit ihrem Mann Alexander und ihren Kindern Alina (15 Jahre) und Quirin (12 Jahre) wohnt sie seit 14 Jahren in ihrem Haus in München: »Wir haben 1999 gebaut und konnten uns alles so einrichten, wie wir es geplant hatten.«

Susi dekoriert für ihr Leben gern: »Meine Freundinnen meinen, bei uns ist es wie in einem Bilderbuch für große Mädchen, immer gibt es was zu entdecken und ständig findet man etwas Neues, was man beim letzten Mal nicht bemerkt hat. Bevor man bei mir Platz nimmt, geht man immer zuerst eine ausgiebige Runde ›nur gucken‹.«

FAMILY RULES
Help each other
BE THANKFUL
Know you are loved
Pay with hugs and kisses
Try new things
BE HAPPY
Show compassion
BE GRATEFUL
DREAM BIG

SPITZENMÄSSIG
Wer sagt, dass es immer Tortenspitze sein muss? Die hübsche Baumwollspitze rund um Susis leckere Charlotte mit Löffelbiskuits lässt sich waschen und wiederverwenden.

ES HARMONIERT
Auf dem Tisch steht Geschirr, wie Susi es mag, in Cremeweiß und Grau. Der weiße dreiarmige Porzellankerzenleuchter und die schöne rosafarbene Keramikkanne fügen sich optimal ein.

Bilderbuch für große Mädchen

Am schönsten findet die Familie den großen Wohn- und Essbereich mit der offenen Küche, sagt Susi. »Jeder findet hier irgendwo ein Plätzchen für sich.« Der große Kleiderschrank an der Wand zur Küche ist weiß gestrichen, so kommen die alten Beschläge gut zur Geltung. Der Spiegel in der Schranktür lässt den Raum noch heller und großzügiger erscheinen.

Die Bruchsteinwand in Sandsteinfarbe und der eichene Türflügel, den Susi daneben aufgestellt hat, heben sich in diesem lichten Raum deutlich ab und geben ihm Wärme. Reizvolle Blickpunkte sind die Wandkerzenhalter und das Schnitzwerk am Türflügel. Das i-Tüpfelchen aber ist das Geweih über dem niedrigen Vitrinenschrank.

»Die kleinen Dinge schätzen«

GLANZSTÜCKE
An der Kräuterkrone sind auf Perlenhaken kleine Kostbarkeiten aufgereiht, darunter ein Porzellanspatz, viele rustikale Holzanhänger in Herzform, winzige Glasfläschchen mit weißen Ministräußchen und alte Eisenschlüssel.

GEISTREICHER GENUSS
Der Esstisch besitzt eine ganz individuelle Note, Susi hat den Rand mit lateinischen Sprichwörtern beschrieben – zum Beispiel: Den Mutigen hilft das Glück!

»Zum Reden, Lachen und Quatschmachen treffen wir uns am langen Esstisch«, erklärt Susi. Den Tisch mit den grau-weißen Farbflächen und den Schriftrand hat sie ebenso selbst gestaltet wie die shabby-weiß gestrichenen Massivholzstühle mit heller Polsterung.

Neben dem Geschirr in sanften Tönen steht in der hohen Glasvase auf dem Tisch ein Strauß aus rosa Lilien und grünen Hortensien. Highlight über dem Esstisch ist eine abgewandelte Kräuterkrone mit einer Lampe in der Mitte. Susi hat den weiß lackierten Metallkorb mit vielen entzückenden Kleinigkeiten behängt. Auf der Korbablage hat sie Teelichter verteilt.

Life's Sho
Eat Co

Die Küche ist offen und lichtdurchflutet. Boden und Decke treten durch die helle Farbgebung ganz zurück. Unauffällig fügt sich die runde Deckenleuchte ein. Die Küchenfronten sind in Cremeweiß gestrichen und haben romantische Muschelgriffe. Blickpunkt links an der Wand ist das Relief im Barockstil. Vor der Fensternische ist ein Hängeregal im Antiklook angebracht. Auf der Fensterbank stehen in Porzellanmilchkannen frische Kräuter, die Susi täglich zum Kochen verwendet. Eine Begrenzung bildet das verschnörkelte Tischregal aus Metall.

Die große Fläche auf der Kommode und das offene Regal bieten eine ideale Präsentationsfläche für Susis ertrödelte Schätze wie Metallkannen, Likörkaraffen, Glasglocken und die Sammlung alter Küchenwaagen. Sogar an der Gardinenstange sind Suppenkellen und Bratenwender aufgereiht. »Ich liebe meine Flohmarktfunde und finde Sachen mit Fehler, Makel und Geschichte

GUT UNTERGEBRACHT
Der kleine Schrank mit Blechtablett im Shabby-Stil hat Platz für ein Minischränkchen mit Glastür und einen Lilienstrauß in einer Glasvase im Weidenkorb. Darüber stehen als Blickfang der Silberpokal mit Kerze und das hochrandige Porzellantablett.

SCHAUSTÜCKE
Susis alte Küchenwaagen sind genauso sehenswert wie ihre glänzenden Metallkannen und großen Glasglocken. Damit sie all ihre Sammlerstücke gleichermaßen genießen kann, räumt sie häufig um.

»Wie es mir gefällt«

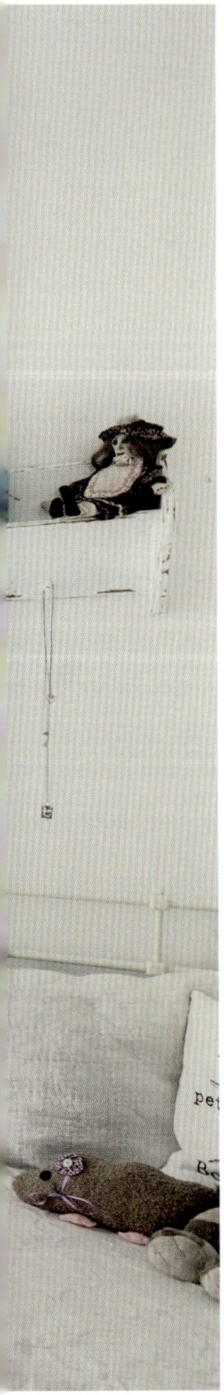

»I DID IT MY WAY«
Alina hat ihren persönlichen Stil gefunden – sie mixt Trendiges wie amerikanische Fahne und Nummernschild mit Nostalgischem wie dem auf alt gemachten Spiegel.

BETT WIRD SOFA
Das Metallbett im französischen Stil wird mit Tagesdecke und vielen Kissen zum Sofa. Hier sitzt Alina mit ihren Freundinnen oder spielt auf ihrer Gitarre.

schön. In die Kinderzimmer darf ich damit zwar nicht mehr, aber die Kinder haben mittlerweile ihren ganz persönlichen Stil entwickelt.« Ihre Tochter Alina hat auf ihre Weise Altes und Neues kombiniert: Das offene Wandregal, der zierliche antike Schreibtisch und der moderne Schreibtischstuhl, der schmale funktionale Schubladenschrank und der Kleiderschrank im Landhausstil harmonieren durch ihren weißen Anstrich. Alles ist hell, umso mehr fällt der grandiose Messingkronleuchter auf. Ketten und hübsche Bilder hängt Alina an ihr langes Hakenbrett über dem Bett. Sie mag es kuschelig und hat viele Kissen aufgereiht.

IMMER AUFGERÄUMT
Im Holzschrank mit geschnitzten Ornamenten in der Tür lässt sich vieles aufbewahren, Toilettenartikel und Handtücher haben hier ihren Platz.

AUSBLICK STATT EINBLICK
Sichtschutz, der kein Licht raubt, bieten die zwei Zierfenster vor den Fensterscheiben. Abends wird das Rollo herabgelassen. I-Punkt auf der Fensterbank sind die beiden hohen, gedrehten Kerzenleuchter.

KLASSISCH MIT SÄULE
Im Bad musste einiges »verborgen« werden, bei der Verkleidung wurden gleich Fächer als Stauraum frei gelassen. Auf der »integrierten Kommode« steht eine schmiedeeiserne Säule – eigentlich ein Gestell für Pflanzschalen. Die Porträtbüste komplettiert den Antiklook.

Susi und Alexander haben ein En-Suite-Badezimmer, es grenzt mit einer Schiebetür an ihr Schlafzimmer. Dezente Akzente auf den hellen Wänden und Fliesen setzt der moderne maritime Wandstuck aus Seesternen, Seepferdchen, Muscheln und Schnecken. Susi hat ihn mit Reliefgießformen selbst gemacht. Die beiden modernen Fackelleuchten vertragen sich gut mit dem ornamental gerahmten Spiegel. Daneben sind zwei verschnörkelte Haken aus Eisen mit weißen Porzellanknäufen als Handtuchhalter vorgesehen. Als Ablage unter dem Waschbecken dient ein Sofatisch mit Patina. Das wirkt sehr harmonisch, weil Waschbecken und Tisch gleich lang sind.

UNTER DEM APFELBAUM
In den breiten Gartenstühlen aus Holz lässt es sich aushalten. Kissen und Decken, von Susi selbst genäht, machen sie noch gemütlicher. Im Herbst müssen die Rothmeiers nur die Hand ausstrecken, um sich einen köstlichen Apfel zu pflücken.

TÜR INS NIRGENDWO
Eine alte Tür lehnt neben der Regenrinne an der Hauswand. Ihr heller Grauton passt zu Zinkkanne und -laterne und zum dunklen Buchsbaum im hellen Tontopf. Rechts erfreuen die trichterförmigen Blüten von zwei hellrosa Exemplaren der Dipladenia das Auge, links eine weiße Hortensie und ein Edellieschen.

WILDROMANTISCH
Vor einer über und über mit Efeu bewachsenen Wand steht auf einem gepflasterten Flecken die Gartencouch – Rückzugspunkt für die Eltern am Abend.

»Im Sommer sind wir, so oft es geht, draußen«, sagt Susi. »Auch dort gibt es viele gemütliche Plätzchen. Und so ziehen wir uns am Abend, wenn die Kinder im Bett sind, gerne mit einem Gläschen Wein zum Kuscheln auf unsere Gartencouch zurück.« Im Apfelbaum sorgen ein Vogelkäfig und eine Laterne aus Eisen für eine verwunschene Atmosphäre.

Im Sommer nutzt Susi den Garten nicht nur zur Entspannung, sondern auch zum Restaurieren und Auf-alt-Trimmen von Möbeln und Accessoires: »Wenn ich den Stücken einen neuen ›alten Look‹ verpasst habe, suche ich bei mir ein Plätzchen. Wenn sich absolut kein geeigneter Platz findet, kommen sie in meinen Shop zum Verkauf.«

»Schatzkästchen zum Begehen«

SCHAUFENSTER
Die alte eichene Küchenvitrine mit Rundbogen im Landhausstil hat Susi weiß gestrichen. Sie eignet sich hervorragend zum Ausstellen der pastellfarbenen Servicestücke.

IM KLEINEN
Vor allem mit kleinen Dingen wie zarten Blüten aus Seidenpapier und alten, aufgehängten Fotografien schafft Susi diese besondere nostalgische Atmosphäre im Bauwagen.

Halb hinter dem Apfelbaum verborgen steht ein alter, weiß gestrichener Bauwagen, das ist Susis Laden! Er fügt sich wie eine Gartenlaube gut in die Umgebung ein. Nur ein Blick hinein und man ist diesem Schätzkästchen verfallen. In offenen Regalen, auf Wandborden und in einem kleinen, hängenden Vitrinenschrank befindet sich ein Sammelsurium von schönen Accessoires. Vor den weißen Wänden und Möbeln kommen die einzelnen Schätze besonders gut zur Geltung.

Dank

Ein herzliches Dankeschön den zehn Frauen, die den Leserinnen und Lesern Einblicke in ihre romantischen Wohnräume, Gärten und Läden gegeben haben.

Blogs und Shops

Mina Hesse
Blog http://myvillavanilla.blogspot.de/

Yvonne König
Blog http://villakoenig.blogspot.de/
Shop http://www.villakoenig.de/

Carolina Franke
Blog http://www.towncountryhome.de/
Shop http://www.town-country-home.de/

Charlotte Wallace
Shop http://www.domkontor.de/

Susi Rothmeier
Blog http://qunstundqrempel.blogspot.de/
Shop http://www.qunst-und-qrempel.com/